51
Lb 3611.

FORTIFICATIONS

DE

LA VILLE DE PARIS.

ESSAIS

SUR

LA MANIÈRE DE CONCILIER CE SYSTÈME

AVEC LES RAISONS D'OPPOSITION ÉMISES PAR LES JOURNAUX ET L'OPINION PUBLIQUE.

> Quia Cassandræ non est creditum,
> Periit Ilium.

BESANÇON.
IMPRIMERIE DE BINTOT, PLACE SAINT-PIERRE.

1842.

BESANÇON. — IMPRIMERIE DE BINTOT.

INTRODUCTION.

Ceux qui ont lu l'*Épisode* de l'ingénieur Bocquillon, inséré à la *Gallerie auxonnaise* de 1840, ont pu remarquer que lorsque quelques canonniers de l'artillerie légère lui eurent communiqué à Lyon, près le pont de la Guillotière, le dessein du général de Précy, de faire incendier les chantiers des Brotaux; sur la question qu'ils lui firent : *Comment faudrait-il faire?* il leur répondit : *J'y penserai;* et que ce fut le 3 du même mois, à huit heures et demie du soir, qu'il exécuta son projet qui fit reculer d'une demi-lieue en arrière le parc d'artillerie de l'armée assiégeante.

Ce fut avec la même fécondité de génie que, voyant toutes les diatribes que l'on publiait contre le projet de défendre la ville de Paris, par la construction de quatorze forts qui, avec Montmartre, en aurait porté le nombre à quinze, il adressa au ministre de l'intérieur, alors le très estimable comte d'Argou, son projet que ce sage ministre, trouvant n'être pas de son ressort, transmit de suite à son excellence le ministre de la guerre, duc de Dalmatie et pair de France, qui en accusa réception audit ingénieur par son gracieux rescrit porté à l'*Épisode*, page 25, sous le n° 9103.

Quelle est la base du moyen qu'il offre d'effectuer ce projet? C'est de faire que ces forts soient ceux de toutes les communes du royaume dont on prendrait l'élite des parties mobiles de leurs gardes nationales pour en faire les garnisons exclusivement à toutes autres troupes.

Pour cela, il propose la formation, dans chaque département, d'une légion sacrée qui ne serait que de quatre à cinq cents hommes, formant un ordre de chevalerie bourgeoise, dont les sentiments et le dévouement assureraient à toute la France le maintien de nos droits et libertés, qui nous ont coûté assez cher pour qu'on ne les laisse pas s'anéantir sous la tyrannie de quelques ministres ambitieux, qui tenteraient de surprendre et égarer la religion du monarque que nous a fait admettre notre nouvelle constitution; qui, d'après notre Charte constitutionnelle, ne peut jamais être qu'un roi citoyen, chef du pouvoir exécutif; qui ne doit avoir d'autre pouvoir que celui de faire exécuter les lois; qui ne doit jamais errer en des interprétations insidieuses qui pourraient les rendre oppressives, au lieu d'être protectrices de nos personnes et de nos propriétés. C'est à quoi doivent soigneusement veiller nos chambres, qui doivent faire droit aux réclamations que l'on est dans le cas de leur adresser contre toute infraction aux lois fondamentales que doit nous garantir la Charte.

Dans la production éphémère de son génie actif, cet ancien ingénieur, dont la force de l'imagination n'est pas encore anéantie, s'exprime comme suit.

FORTIFICATIONS
DE
LA VILLE DE PARIS.

ARGUMENT.

Tout corps organisé a sa tête et ses membres ; dans sa tête est le siège de l'âme qui, par l'usage de ses organes, est sans cesse attentive à la conservation de tous les membres de ce même corps, lesquels sont tous intéressés à la sûreté des organes qui les vivifient et doivent tous concourir à sa défense.

Un corps de nation est donc intéressé à se conduire de la même manière. La ville capitale d'un royaume est la tête de ce grand corps dont les départements et les communes sont les membres qui le composent.

Que dirait-on d'un guerrier qui s'armerait de toutes pièces, couvrirait son buste d'une cuirasse, tous ses membres de brassards, cuissards et gantelets, et, qui, laissant sa tête à découvert sans casque ni aucune armure qui pût la garantir, se présenterait au combat. Entouré bientôt d'ennemis qui lui porteraient, de toute part, des coups qu'il ne pourrait pas tous parer en même temps, quelle que fût sa bravoure, il serait inévitablement terrassé par ceux qui s'attacheraient à ne lui porter des coups qu'à la tête qu'il laisserait si imprudemment sans défense.

Tel serait le sort d'une nation qui négligerait de fortifier sa capitale, le centre de l'organisation des diverses administrations et de tous les moyens moraux qui peuvent seuls utiliser les efforts de chacune efforts qui deviendraient nuls, s'ils n'étaient dirigés par une unité de pouvoirs qui les feraient concourir tous au point essentiel de sa sûreté et à la défense de la nation dont ils sont responsables.

C'est donc avec raison que l'on propose de fortifier Paris et de mettre cette cité, la seule et unique des mondes connus, à l'abri d'un coup de main, et de la préserver désormais du sort qu'elle éprouva plusieurs fois, d'après les annales de notre histoire.

Mais quel moyen d'empêcher que ces forteresses ne deviennent des instruments de tyrannie? ce qu'elles seraient immanquablement, si elles restaient à la disposition d'un despote ambitieux. Ce moyen, le voici.

Je m'arrête ici pour une petite digression que la circonstance me paraît demander. Lorsque je parle d'un despote ambitieux, assurément ce n'est pas de notre auguste monarque actuel. Dès son avènement, j'ai dit que, *digne descendant de Henri IV, il en possède tous les talents et les bonnes qualités, sans en avoir les faiblesses.* Et certes! ses lumières, ses talents et surtout la sagesse que lui a transmise son illustre mère, ses exploits jusqu'ici secondés par la providence divine qui l'a si souvent et si visiblement protégé, le placent bien au-dessus du mérite de tous les potentats qui l'ont précédé et dont notre histoire nous fait des éloges si pompeux, et prouvent bien sa légitimité que l'on ne peut lui contester sans outrager en quelque sorte la toute-puissance céleste qui le soutient.

Pour preuve de sa sagesse, je ne citerai que le trait qui s'est passé tout récemment.

Lorsqu'il fut question de bruits de guerre et que les journaux nous annonçaient le jeune duc de Bordeaux à Mayence, notre bon roi Louis-Philippe ne s'est pas avisé de mettre nos villes frontières en état de siège, ce qui aurait augmenté les inquiétudes de son peuple; mais il a formé un camp d'observation sur les bords du Rhin, et par ce déploiement de forces formidables en a suffisamment imposé aux puissances, qui, bien loin de penser à une nouvelle invasion, craignaient plutôt que nos troupes invincibles ne les envahissent de nouveau. C'est à cette époque que se terminait le procès du fameux Darmès, qu'on a bien cru être un suppôt du parti légitimiste, et dont on a été chercher des complices jusqu'à Francfort. La prudence de ces mesures a procuré la sécurité à toute l'Europe.

On propose, dit-on, d'établir quatorze citadelles ou forteresses, qui, distribuées autour de Paris d'après un plan de défense sagement combiné, mettraient cette capitale à à l'abri d'une invasion et lui procurerait la sécurité nécessaire tant pour son commerce et son industrie que pour exercer ses fonctions organiques de gouvernement. Hé bien! faites que ces forteresses soient celles des départements et non celles du roi et de ses ministres; c'est-à-dire que les forces qui constitueront leur défense ne puissent jamais être du ressort exclusif de ces autorités, afin qu'elles ne puissent jamais en mésuser pour mettre des entraves à nos libertés.

Qu'elles soient d'abord établies avec tout l'art et le talent militaire dont nos ingénieurs sont capables; qu'elles soient construites de telle sorte qu'elles présentent un boulevard inexpugnable à l'extérieur ; mais que leurs derrières, accolés aux murs extérieurs de la ville, soient inoffensifs pour l'intérieur de la cité, sans qu'ils puissent pour cela offrir de moyens d'escalade ni de désertion aux troupes qui formeraient leurs garnisons.

J'observe seulement qu'il serait à désirer que les chemins couverts de ces forteresses, qui seraient palissés au moindre signal d'état de siège, fussent de plus grandes dimensions, pour que les armées ou divisions de troupes de ligne qui seraient dans le cas de se replier sur la capitale, pussent y camper sous des tentes dont il y aurait des fournitures dans les magasins d'armes des forteresses.

En supposant que chacune de ces forteresses dût être occupée par dix-huit cents hommes pour sa défense, dont trois à quatre cents d'artillerie; on composerait ces garnisons de troupes que j'appelle *garde conservatrice* et chaque individu *garde conservateur*, qu'on tirerait de l'élite de la partie mobile des gardes nationales des départements, lesquels seraient nommés par les préfets parmi les candidats qui seraient présentés par les conseils municipaux en nombre triple de celui qui devrait être élu, et dont ce premier Magistrat, d'après des informations prises avec soin et un examen subi par les prétendants, indiquerait officiellement le genre de mérite et le degré de capacité applicable à telle ou telle partie de service dont serait susceptible chaque individu de cette espèce de milice.

Ces gardes conservateurs, qui, pour être élus, auraient fait preuve de civisme, de dévouement à la monarchie constitutionnelle ainsi qu'au maintien de la Charte et des lois de l'état, seraient considérés comme occupant chacun un poste d'honneur et jouiraient de quelques immunités et prérogatives qui, sans être onéreuses à l'état, les distingueraient des autres citoyens : comme permis de chasse gratuit, exemption de logements de troupes, prérogatives d'admissions dans les écoles primaires pour les enfants des sous-officiers et simples soldats, et dans les écoles spéciales pour les enfants d'officiers de tous grades; ils auraient de plus le titre et le droit de citoyen de la grande cité (Paris); ce qui ne pourrait nuire en rien au reste de la nation, vu leur petit nombre pour chaque département. En supposant dix-huit cents hommes de garnison par chaque forteresse, cela ne ferait guère que trois cents hommes de service par département; ne devant être en activité de service que par trimestre, cela ferait douze cents hommes par département; plus, deux cents hommes pour garde de sûreté pour le service des points centraux dont il sera fait mantion ci-après. Ce service serait très peu onéreux, puis qu'en temps de guerre, chaque département ne fournirait que trois cent cinquante hommes par trimestre, et cent environ en temps de paix; et dans ce dernier cas, qui serait le plus ordinaire, le tour de chacun ne viendrait que de quatorze en quatorze mois.

Je proposerais que cette troupe s'appelât dans chaque département *la légion sacrée*, et que pour marque de distinction ils portassent, en décoration, un écusson portant cette inscription : FRANCE LIBRE. Le mot France serait surmonté d'une étoile et sous le mot libre serait le numéro du département; l'écusson serait surmonté d'un coq, symbole de la vigilance. Ces quatorze cents hommes seraient réunis successivement en compagnies, de cent hommes chacune, selon leur tour de numéros, par les soins de M. le Préfet qui interposerait ses bons offices pour faire nommer dans chaque compagnie deux capitaines, un lieutenant et un sous-lieutenant. Ces officiers des quatorze compagnies, une fois nommés, se réuniraient en conseil présidé par M. le préfet, pour nommer dans leur sein un colonel, un lieutenant-colonel, un major, un adjudant-major de la légion ainsi qu'un officier-payeur, en tirant au sort ceux des capitaines restants qui ne seraient pas confirmés dans leur grade, pour compléter ceux des quatorze compagnies composant la légion, lesquels auraient rang pour remplacer les premiers délinquants.

Ces officiers supérieurs réunis successivement aux officiers de chaque compagnie, toujours conjointement avec M. le Préfet qui serait prié de donner les indications de capacité qui seraient parvenues à sa connaissance, nommeraient les sergents-majors, fourriers, sergents et caporaux nécessaires pour l'organisation de chaque compagnie. Ces conseils d'officiers s'assembleraient tous les ans aux fêtes de juillet, dans le chef-lieu de département, pour nommer les remplaçants tant des officiers que des sous-officiers des compagnies qui se trouveraient délinquants ou décédés.

La légion sacrée de chaque département ne faisant que la cinquième ou sixième partie de la garnison de chaque forteresse pour laquelle elle aurait sa destination, il s'en suivrait que les contingents de quinze à dix-huit départements qui fourniraient les garnisons de trois forteresses, formeraient une division militaire correspondante à un point central, dont il y en aurait par conséquent cinq distribués autour de la périphérie interne de la ville de Paris, des Boulevards, par exemple, ou autres démarcations à peu près également distantes des murs actuels de clôture que cemportent maintenant les Barrières.

Point central. (*Voyez* le plan ci-joint.)

Chaque point central serait composé d'un corps de caserne déstiné à loger trois cents hommes de garde de sûreté et à servir de logement provisoire à ceux des gardes conservateurs qui, arrivant de leurs départements, seraient obligés d'attendre que leur destination de garnison fût décidée par le conseil de guerre du point central. Ce conseil de guerre serait composé des officiers supérieurs de chaque légion attachée aux trois forteresses dépendantes de ce point central, qui, réunis, nommeraient les commandants de chaque forteresse et celui du point central, ainsi que les autres officiers spécialement attachés à ce point de centre, comme lieutenants stationnaires, secrétaires et autres pour l'observatoir, etc. Ils nommeraient pour chacun trois candidats, sur lesquels le roi ferait le choix de l'élu pour chaque poste provisoirement, lesquels seraient au nombre de cinquante-six pour les cinq divisions militaires. Sur les candidats restants, le roi choisirait un membre de plus pour compléter celui de cinquante-sept, lesquels réunis au conseil des ministres d'état, qui auraient voix délibérative, nommeraient un grand-maître de toutes ces légions.

Ce grand-maître, ayant sa résidence à proximité du palais du roi, aurait les mêmes attributions que le ministre de la guerre et remplirait les mêmes fonctions que lui vis-à-vis les légions sacrées de tous les départements, avec les préfets desquels il correspondrait, tant pour le contingent des troupes de cette milice que pour la cotisation des dépenses de ce service. Ces dépenses seraient prises par les conseils-généraux desdits départements, sur leurs centimes facultatifs qu'ils voteraient pour cet objet, proportionnellement au nombre de sujets fournis par chaque commune de leur ressort ; ce qui ferait l'objet d'un article du budget de chacune d'elles. Ces fonds feraient une caisse à part, administrée par les officiers payeurs sous les ordres directs et immédiats du grand-maître, lesquels officiers payeurs fourniraient cautions pour occuper ces postes et seraient pour leur comptabilité sous la surveillance de leurs préfets respectifs.

Ce grand-maître ne pourrait être choisi que parmi les cinquante-sept membres ci-dessus désignés et serait inamovible, à moins que des cas graves, motivés par des plaintes fondées sur des faits évidents, ne le missent dans le cas d'être révoqué par le même conseil qui l'aurait institué ; lequel conseil serait convoqué par le roi, sur la demande écrite et signée au moins de trente de ses membres.

Chaque point central aurait en outre une tour d'observatoire, telle qu'elle est indiquée au plan ci-joint, au sommet de laquelle seraient placés trois observateurs, avec chacun un télescope, et ayant chacun un aide pour transmettre les observations à la *chambre d'observations* que je place au-dessous et au rez-de-chaussée de ladite tour, laquelle communiquerait à l'observatoire par un canal percé de bas en haut, établi de manière à ce que par des porte-voix et cornets acoustiques ils pussent se communiquer de l'un à l'autre sans déplacements.

Ce service d'observatoire ne se ferait au complet que lorsque l'on serait en état de siège. Ces observateurs et leurs aides pourraient avoir leurs logements dans les étages intermédiaires, entre l'observatoire et la chambre d'observations, dans laquelle on tiendrait les plans des trois forteresses auxquelles chaque point central correspondrait, desquels plans chaque observateur aurait un double sous ses yeux.

L'état de siège aurait lieu aussitôt que, par voie télégraphique ou autre, l'on aurait avis qu'une armée ennemie a franchi de dix lieues les extrêmes frontières du royaume, et dans ce cas le grand-maître en donnerait avis aux départements pour qu'ils missent leurs contingents au complet. Dans le cas d'urgence, pour faire rejoindre ces troupes avec plus de célérité, on pourrait mettre en réquisition les voitures publiques, d'autant que les gardes conservateurs n'auraient que leurs sacs à porter ; lesquels seraient mis au complet pour les fournitures d'après une inspection préalable avant leur départ, les armes devant rester en permanence dans les magasins des forteresses où ils auraient à faire leur service ainsi que dans les casernes des gardes de sûreté.

Néanmoins, chaque garde de la légion sacrée serait tenu d'avoir ses armes, dont il serait muni lors des revues générales qui pourraient se faire dans chaque département par le préfet, conjointement avec le colonel da la légion. Ces légionnaires, en cas d'extrémité, lorsque la patrie serait en danger, seraient dans le cas de se porter tous en armes sur les points qui leur seraient désignés par le grand-maître, mais sous la réserve spéciale qu'ils ne passeraient jamais la frontière. Dans ce cas, les départements mettraient sur pied les parties mobiles de leurs gardes nationaux.

Chaque point central aurait en outre un amunitionnaire qui fournirait tous les deux jours le pain et autres provisions de bouche à chaque forteresse.

Les trois cents hommes de garde de sûreté qui seraient

ordinairement de service dans la caserne du point central, même en temps de paix, seraient là pour la garde des abords des trois forteresses qui en dépendraient. Deux cent cinquante feraient à l'ordinaire le service militaire, et les cinquante autres le service de transport des munitions, tant de guerre que de bouche, du point de centre aux forteresses auxquelles ledit centre communiquerait par des chemins formés en ponts couverts qui seraient établis comme l'indique le plan ci-joint, à cinq mètres de hauteur environ au-dessus du sol naturel, et seraient terminés, d'une part, par une porte grillée en fer donnant sur la terrasse de ces abords qui terminerait la place d'armes du point central, et, d'une autre part, par la seule, et unique porte qui donnerait entrée dans la forteresse, à moins qu'il ne fût jugé convenable d'avoir une porte de secours dont les clefs seraient gardées par le commandant de la forteresse, qui, toutefois, n'en pourrait faire usage que sur l'ordre du commandant du point central, sur l'avis qu'il en aurait du grand-maître.

Il est entendu que, sous aucun prétexte possible, aucune troupe de ligne ne pourrait être introduite dans ces forteresses, qui ne recevraient d'ordres que du grand-maître, lequel n'en recevrait lui-même que du roi en son conseil, qui, conjointement avec lui, formerait le point directeur.

Les frais de gros armement et les munitions de guerre tomberaient à la charge du gouvernement, ainsi que l'entretien et les réparations tant des fortifications que des établissements des points centraux; celles de vivres, d'équipement de soldats, d'approvisionnements des amunitionnaires seraient aux frais des départements. Ces troupes seraient sur le même pied pour la solde que l'était la garde royale sous la restauration, mais pendant l'activité de service seulement, et ne recevraient qu'un quatorzième de cette solde en temps de non activité, ce quatorzième n'étant considéré que comme indemnité pour entretien d'habillement et d'équipement.

Ces légions sacrées, comme on le voit, seraient un ordre de chevalerie bourgeoise, qui exigerait un certain mérite pour y être admis. Les exploits militaires et actions d'éclat, au profit de la nation, seraient récompensés par la décoration de la Légion-d'Honneur ou autres récompenses; ce qui serait un stimulant pour conserver parmi nous cette loyauté et cette valeur qui de tout temps fit l'honneur de la France.

En admettant cet ordre de choses, on détruirait tous les moyens d'opposition mis en avant pour s'opposer à l'établissement desdites fortifications, qui, n'étant établies que par point central, un seul à la fois, n'obligeraient annuellement qu'à un dixième de la somme totale destinée à cet objet. En consacrant deux années pour chaque point central, on compléterait le tout en dix ans et d'une manière moins onéreuse pour l'état.

Ce projet éphémère, improvisé et offert à la discussion des administrations qui en doivent connaître, est présenté comme un hommage des sentiments vraiment français au sage et vertueux ministre (le comte d'Argou), qui, par la loyauté de ses procédés, a paru mériter toute confiance et tout dévouement de la part de l'infortuné citoyen,

A. BOCQUILLON, *Ingénieur.*

OBSERVATION.

J'ajouterai encore ici une petite remarque dans l'intérêt agricole : c'est que la périphérie qu'occuperaient quatorze forteresses avec leurs dépendances, ne laissera pas que de priver les environs de la cité d'une partie plus ou moins précieuse de son territoire ; ce qui pourrait faire encore un sujet d'objection en opposition. Je proposerais donc que toutes les parties de ces forteresses qui ne seraient pas bâtiments ou constructions en pierres, fussent utilisées pour la culture, et même, s'il était possible, de les construire en grande partie sur le pied de fortifications de campagne et en terre, si faire se pouvait, à l'instar de celles que l'on voit à Vitry-le-Français ; en sorte qu'on aurait la facilité, en temps de paix, de convertir les chemins couverts et les glacis en jardins ; les palissades qui les sépareraient en espaliers et en treilles, et les plantations sur les remparts en arbres fruitiers, si ce n'est en ormes, frênes ou autres bois de service pour le charronage et autres, ce qui dédommagerait des pertes apparentes qu'occasionneraient ces établissements.

Copie de la lettre d'envoi du 20 octobre 1833.

A son excellence Monseigneur le comte d'Argou, pair de France, secrétaire d'état, ministre de l'intérieur et des cultes, etc.

Monseigneur,

Pour remplir la promesse que j'ai eu l'honneur de vous faire dans le *post scriptum* de ma lettre du 5 de ce mois, j'ai l'honneur de vous adresser un projet relatif à l'établissement des 14 forteresses à construire autour de Paris; désirant voir réaliser ces sages projets de l'excellent gouvernement dont vous faites partie, et croyant ne pouvoir mieux vous prouver la véracité des sentiments émis dans ma pétition aux chambres, pour prouver à votre excellence les sentiments de vénération dont je suis pénétré pour vos vertus, et avec lesquels j'ai l'honneur d'être, très respectueusement de votre excellence,

Monseigneur,

Votre très humble et très affectueusement dévoué et soumis serviteur,

A. Bocquillon, *Ingénieur*.

P. S. Ce projet, s'il était dans le cas d'être adopté avec les corrections, suppléments et modifications dont il est susceptible, pourrait faire la matière d'un projet de loi à proposer aux chambres.

Nota. Il paraît qu'après en avoir pris communication, monseigneur d'Argou l'a transmis au président du conseil des ministres, qui, par un gracieux rescrit, m'en a accusé réception le 2 novembre 1835, promettant d'y avoir égard.

Ministère de la guerre.

MATÉRIEL.

(*On lui accuse réception d'une lettre et d'un plan relatif à la défense de Paris.*)

Paris, le 2 novembre 1833.

Monsieur,

m'empresse de vous accuser réception de la lettre et

du plan que vous m'avez adressés, le 20 octobre dernier, sur les moyens de défendre Paris; je me plais à vous assurer que cette question, comme toutes celles qui se rattachent à la protection de la capitale, sera examinée avec le soin qu'elle mérite, quoique d'ailleurs les mesures d'exécution que vous proposez m'aient paru à la première lecture peu praticables.

Le président du conseil, ministre de la guerre,
Signé Maréchal duc de Dalmatie.

Aux Chaprais, près Besançon, le 9 novembre 1833.

A son excellence Monseigneur le maréchal duc de Dalmatie, pair de France, secrétaire d'état, président du conseil, ministre de la guerre.

Monseigneur,

Je croirais manquer aux règles de la bienséance, au respect que je dois au rang éminent que vous occupez à si justes titres, si je ne vous témoignais ma sincère gratitude de votre gracieux rescrit du 2 de ce mois (N° 9103), sur mon projet de défendre Paris, production éphémère d'une imagination ardente, mue par le sincère désir de voir triompher les projets de bienfaisance d'un gouvernement aussi sage qu'éclairé, et qui se glorifie de vous avoir pour son chef et l'âme de ses conseils. Me méfiant des illusions de mes idées, j'ai eu soin, par le *post scriptum* de ma lettre d'envoi, de convenir que mon projet avait besoin de corrections et de modifications; mais si ces idées étaient agréées, j'oserais ajouter ici : que d'après les supputations que l'on nous donne du dénombrement des gardes nationales mobiles, dans lesquelles sûrement on doit trouver le plus grand dévouement, il résulterait que sur le nombre de 1,945,899, auquel il se monte, l'élite que l'on en tirerait pour la garde et conservation des quatorze forteresses n'étant que de 117,600 hommes, n'en ferait à peine que la 17e partie. Je laisse à votre sagesse d'en décider ce qu'elle jugera convenir. Pénétré du plus profond respect pour vos lumières, trop honoré que je suis de l'attention que vous avez daigné me témoigner, j'ai l'honneur d'être très respectueusement de votre excellence,

   Monseigneur,

   Le plus obéissant et affectueusement dévoué serviteur,

     A. Bocquillon, *Ingénieur*.

N. B. Dans une pétition que j'ai eu l'honneur d'adresser le 20 septembre 1841 à Monseigneur le duc de Dalmatie, encore président du conseil actuel des ministres, je mande à son excellence : j'aurais encore une proposition à faire à votre excellence, touchant ce que j'ai l'honneur de lui mander dans ma lettre du 9 novembre 1833, laquelle selon moi pourrait encore convenir, vu le nouvel incident dont je viens seulement d'apprendre la nouvelle au moment où je venais de mettre à la poste une lettre de récidive à M. le ministre des travaux publics, touchant une pétition que je lui ai adressée le 3 août dernier.

Moi, qui vis comme un ermite, qui ne vois point les journaux, qui ne fréquente aucune société, ni aucun lieu public de gens oisifs; dans mon petit réduit à la campagne, où je mène une vie d'anachorète, tout esclopé que je suis d'une chute que j'ai faite il y a 14 mois et qui ne me manie que très difficilement, j'ai été stupéfait et indigné en voyant une nouvelle télégraphique, dont il existait encore des placards, nous informant d'un nouvel attentat commis contre la personne des princes qui accompagnaient le 17ᵉ léger, faisant son entrée dans la capitale.

L'auteur de ce forfait, que l'on dit être un homme taré, prouve bien la bassesse des idées et la faiblesse des moyens de ceux qui l'ont suscité, et qui a encore été plus maladroit que tous les autres, *par les soins de la providence*, puisqu'il n'a atteint personne par son coup de feu. Il m'est venu dans l'idée que, dans ma lettre du 9 novembre 1833, je vous mandais que les 1800 hommes de garnison destinés à la garde de chacune des quinze forteresses (supposant que Montmartre forme la 15ᵉ), si au lieu de 117,600 hommes, qui ne font que la 17ᵉ partie de 1,941,899, auquel se monte la partie mobile de toutes les gardes nationales du royaume, on en prenait la 16ᵉ partie, cela ne donnerait que 121,618; ce qui ne ferait pour chaque point central que 924 hommes de plus, dont je supposerais 300 hommes de cavalerie. Ces 924 hommes par point central laisseraient, par chaque corps de caserne, 624 hommes à l'ordinaire disponibles pour la garde du roi et de sa famille. Cette garde au lieu d'être formée des gardes nationales des environs de Paris, le serait de toutes les gardes nationales du royaume; ce qui, pour chaque département, ne ferait qu'une bagatelle pour la sujétion du service et pour les frais qu'il leur en coûterait de plus pour leur entretien; ce qui donnerait un degré de distinction de plus aux légions sacrées, et une garantie de plus à la sûreté du roi et de toute sa famille, puisqu'il n'y aurait aucun moyen que cette troupe pût être séduite ou corrompue. C'est ce que croit pouvoir vous proposer un vertueux Français des plus zélés pour le bien de la patrie.

A. Bocquillon, *Ingénieur.*

EXPLICATION *des usages de chacune des parties qui composent le plan ci-contre, et qui sont indiquées dans le mémoire qui l'accompagne.*

A. Tour de l'observatoire, dont la hauteur sera déterminée par celle depuis laquelle on pourra surveiller les parties environnantes des trois forteresses de ce point central. A sa base est située la chambre des observations, munie des plans desdites forteresses.

a. Porte d'entrée d'une allée voûtée qui communique à ladite chambre des observations; au-dessus de ladite porte est l'entrée de l'escalier en coquille qui mène à tous les étages, à laquelle on arrive par les deux escaliers latéraux et qui conduit aux deux portes *b b,* qui donnent entrée à l'observatoire et aux divers étages qui en dépendent.

C. Est un trou percé de bas en haut pour communiquer de l'observatoire à la chambre des observations et se faire entendre par des porte-voix ou des cornets acoustiques.

B B. Sont deux corps de casernes dont l'élévation dépendra de la quantité de troupes auxquelles elles doivent fournir les logements. *d.* Chambre du conseil de guerre. *e.* Corps de garde. *f. g.* Chambres et cuisines des boulangers.

C. Cour de l'amunitionnaire qui communique aux chambres susdites, à la place d'arme et aux cours des casernes, depuis lesquelles on introduit les farines situées au-dessus de *e d*.

D D. Chambres de l'amunitionnaire. *h h h h*. Fours de l'amunitionnaire.

E E. Cours des casernes. *F F*. Hangars des fourgons de transport. *G*. Rampe de 120 mètres de longueur pour arriver à la terrasse des abords, élevée de cinq mètres. *i i i*. Entrées de chacun des trois ponts couverts qui communiquent à chacune des forteresses dépendantes du point central, lesquelles seront fermées par des grilles en fer, dont les clefs seront entre les mains du chef du poste, dont le corps-de-garde sera situé sous la rampe de la terrasse des abords indiquée par la lettre *H*. Ces trois ponts couverts, élevés de 5 mètres au moins au-dessus du terrain naturel, seront garnis de rainures en fer de 9 centimètres de profondeur pour contenir les jantes des roues des fourgons de transport et ne pourront point communiquer à l'extérieur.

OBSERVATIONS *sur l'utilité que l'on peut tirer des diverses parties de ce plan.*

A. Le premier étage au-dessus de la chambre des observations pourrait servir de logement au commandant du point central, et les suivants immédiatement au-dessus pour ses aides et secrétaires, qui, étant à ses ordres, pourraient aller de sa part au centre directeur donner avis de l'état des forteresses de ce point central lorsqu'il en serait besoin, et plus haut les observateurs et leurs aides.

BB. On voit sous les lettres *e* et *g* la cheminée, qui n'est qu'en esquisse, ne pouvant subsister ainsi qu'aux premiers étages qui serviraient de magasins de farine. Les piliers qui y sont figurés doivent soutenir les arceaux des murs de refens des étages supérieurs.

DD. Le mur de pignon de l'amunitionnaire qui ferait face à l'intérieur, pourrait être orné de colonnes surmontées d'un fronton portant en relief quelque objet relatif à l'usage du bâtiment qu'il décore, tel que Cérès venant au secours de Mars au milieu des combats.

EE. Les murs de clôture qui font face aux corps des casernes, seraient d'un mètre cinquante centimètres de hauteur, et le sommet de la partie extérieure taillé en biseau, surmonté d'une grille en fer de deux mètres et demi de hauteur, en forts barreaux.

FF. Les fourgons devront être de deux espèces, les uns pour munitions de guerre, les autres pour transporter les objets servant à la vie, comme pain, chauffage, clairage.

H. La terrasse des abords pourrait former le dessus d'un magasin à poudre qui devrait fournir aux approvisionnements des trois forteresses correspondantes au point central; on pourrait aussi pratiquer sous la rampe qui y aboutit, une chambre à artifice pour la fabrication des gargouches et cartouches à fournir, et pour la préparation des bombes et obus faisant partie de leur défense. Il conviendrait de même d'établir un corps-de-garde attenant à ladite chambre d'artifice. *iii*. Dans les espaces compris sous les arceaux de ces ponts, on pourrait pratiquer des logements que l'on confierait à des gens sûrs, qui, au besoin, seraient les gardes de ces établissements. Il conviendrait de mettre les abords de ces établissements à l'abri de toutes surprises; en cas d'émeutes populaires, les gardes nationaux y seraient d'un grand secours.

FIN.

www.ingramcontent.com/pod-product-compliance
Lightning Source LLC
Chambersburg PA
CBHW070455080426
42451CB00025B/2741